Impressum
Verlag: BABADADA GmbH, Nedderfeld 112 , 22529 Hamburg
Geschäftsführer / Verlagsleitung: Harald Hof
Druck: Books on Demand GmbH, In de Tarpen 42, 22848 Norderstedt

Imprint
Publisher: BABADADA GmbH, Nedderfeld 112 , 22529 Hamburg, Germany
Managing Director / Publishing direction: Harald Hof
Print: Books on Demand GmbH, In de Tarpen 42, 22848 Norderstedt, Germany

skole

de School

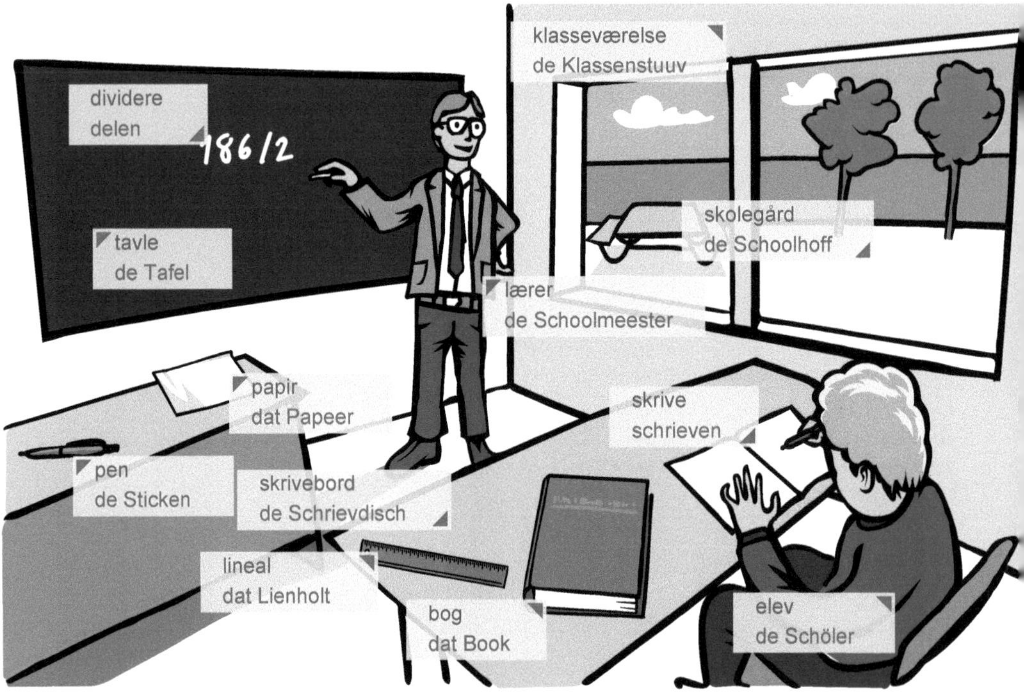
klasseværelse
de Klassenstuuv
dividere
delen
186/2
tavle
de Tafel
skolegård
de Schoolhoff
lærer
de Schoolmeester
papir
dat Papeer
skrive
schrieven
pen
de Sticken
skrivebord
de Schrievdisch
lineal
dat Lienholt
bog
dat Book
elev
de Schöler

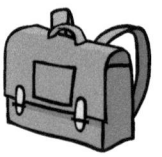

skoletaske

de Ranzel

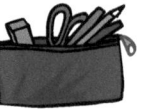

penalhus

de Feddermapp

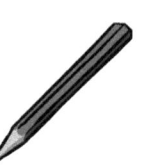

blyant

de Bleesticken

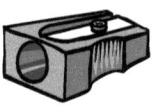

blyantspidser

de Scharpmaker

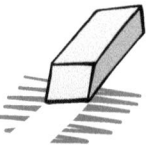

viskelæder

dat Radeergummi

tegneblok

de Tekenblock

tegning
de Teken

pensel
de Pinsel

æske med vandfarver
de Malkassen

saks
de Scheer

lim
de Klever

opgavehefte
dat Heft to'n Öven

lektie
de Huusopgaav

12

tal
de Tall

2+2

addere
tohooptellen

5-2

subtrahere
aftrecken

2×2

multiplicere
malnehmen

regne
reken

A

bogstav
de Bookstaav

**ABCDEFG
HIJKLMN
OPQRSTU
VWXYZ**

alfabet
dat ABC

hello

ord
dat Woort

tekst

de Text

læse

lesen

kridt

de Kried

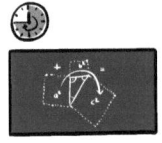

time

de Stunn

klasseprotokol

dat Klassenbook

eksamen

de Pröven

karakterbog

dat Tüügnis

skoleuniform

de Schooluniform

uddannelse

de Utbillen

leksikon

dat Nakieksel

universitet

de Universität

mikroskop

dat Mikroskop

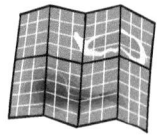

kort

de Koort

papirkurv

de Papeerkorf

hotel
dat Hotel

herberg
de Harbarg

ROOMS

vekselkontor
de Wesselstuuv

ECHANGE

kuffert
de Kuffer

bil
dat Auto

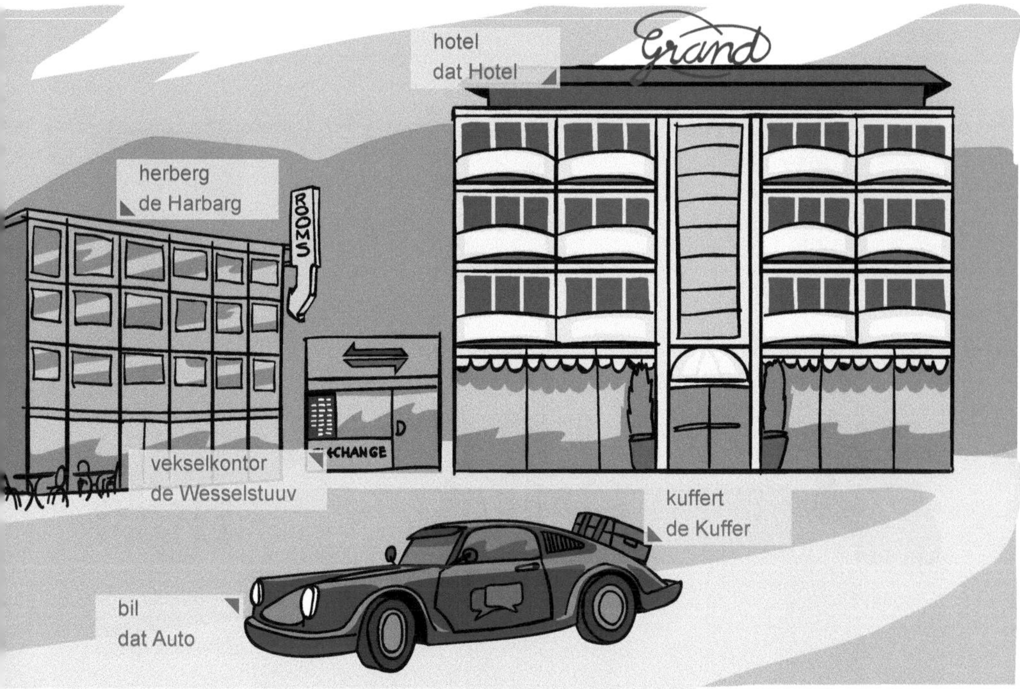

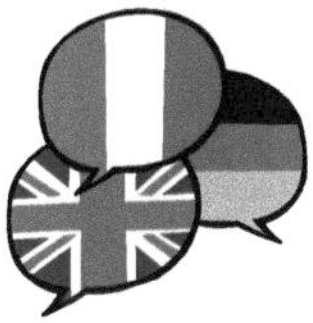

sprog
de Spraak

ja / nej
jo / ne

okay
Jo

hej
Moin

oversætter
de Översetter

tak
Dank ok

hvad koster...?

Wat kost...?

Jeg forstår ikke

Ik verstah nich

problem

dat Problem

God aften!

Goden Avend

God morgen!

Moin!

God nat!

Gode Nacht!

farvel

Tschüüs

retning

de Richt

bagage

de Bagaasch

taske

de Tasch

rygsæk

de Rüchsack

gæst

de Gast

værelse

de Stuuv

sovepose

de Slaapsack

telt

dat Telt

turistinformation

e Touristeninformatschoon

strand

de Strand

kreditkort

de Kreditkoort

morgenmad

dat Fröhstück

middagsmad

dat Meddageten

aftensmad

dat Avendeten

billet

de Fohrkort

elevator

de Fohrstohl

frimærke

de Breefmark

grænse

de Grenz

told

de Toll

ambassade

de Bottschop

visum

dat Visum

pas

de Pass

transport
de Transport

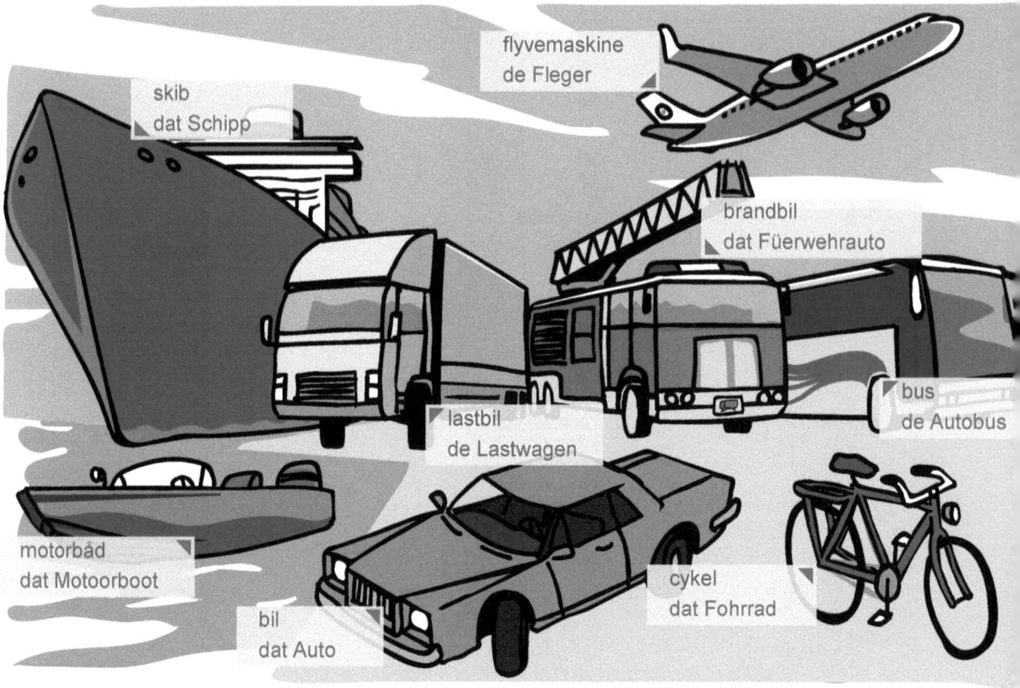
flyvemaskine
de Fleger
skib
dat Schipp
brandbil
dat Füerwehrauto
bus
de Autobus
lastbil
de Lastwagen
motorbåd
dat Motoorboot
cykel
dat Fohrrad
bil
dat Auto

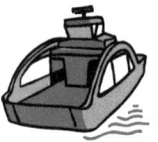

færge

de Fähr

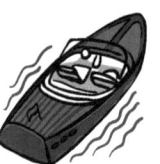

båd

dat Boot

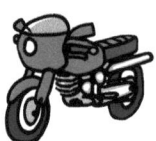

motorcykel

dat Motoorrad

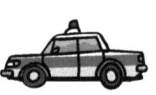

politibil

dat Polizeiauto

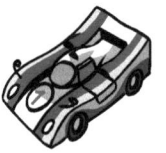

racerbil

dat Rönnauto

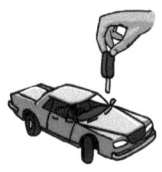

lejebil

de Lehnwagen

samkørsel

dat Carsharing

kranbil

de Afsleepwagen

skraldebil

dat Müllauto

motor

de Motoor

benzin

de Kraftstoff

tankstation

de Tanksteed

trafikskilt

dat Verkehrsschild

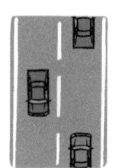

trafik

de Verkehr

trafikprop

de Stau

parkeringsplads

de Afstellplatz

banegård

de Bahnhoff

skinner

de Sporen

tog

de Tog

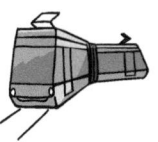

sporvogn

de Stratenbahn

wagon

de Wagon

helikopter

de Dwarsmöhl

lufthavn

de Flooghaven

tårn

de Tower

passager

de Fohrgast

container

de Grootkist

karton

de Karton

kærre

de Koor

kurv

de Korf

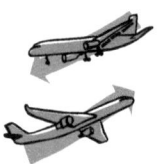

starte / lande

starten / lannen

by

de Stadt

landsby

dat Dörp

bymidte

de Binnenstadt

hus

dat Huus

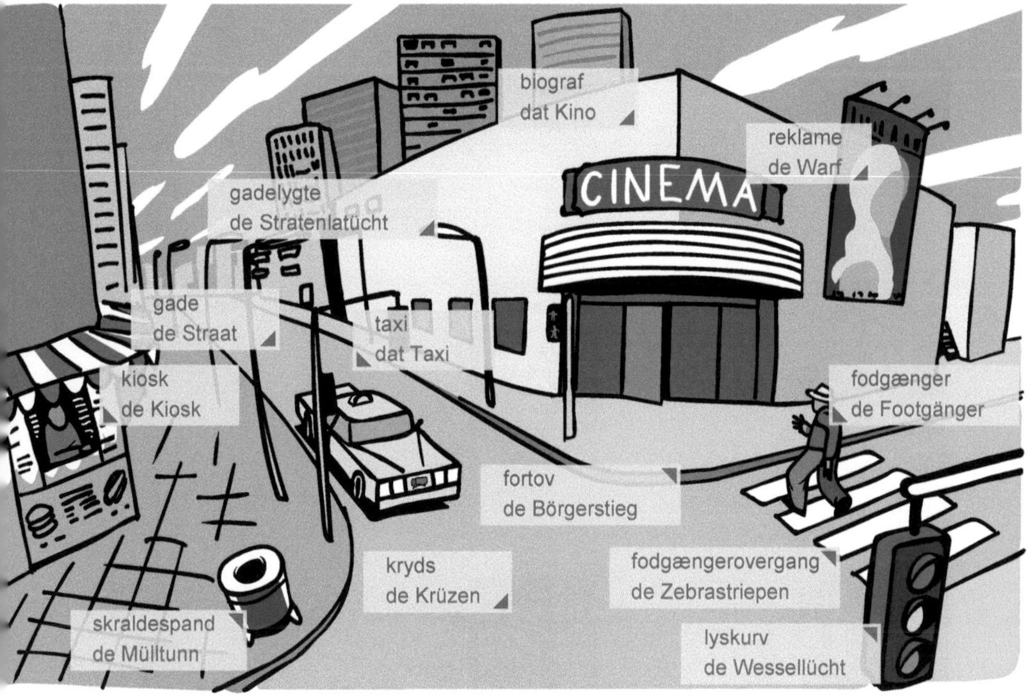
biograf
dat Kino
reklame
de Warf
CINEMA
gadelygte
de Stratenlatücht
gade
de Straat
taxi
dat Taxi
kiosk
de Kiosk
fodgænger
de Footgänger
fortov
de Börgerstieg
kryds
de Krüzen
fodgængerovergang
de Zebrastriepen
skraldespand
de Mülltunn
lyskurv
de Wessellücht

hytte

de Hütt

lejlighed

de Wahnung

banegård

de Bahnhoff

rådhus

dat Raathuus

MUSEUM

museum

dat Museum

skole

de School

universitet

de Universität

bank

de Bank

sygehus

dat Krankenhuus

hotel

dat Hotel

apotek

de Afteek

kontor

dat Büro

boghandel

de Bookhökerie

butik

de Hökerie

blomsterbutik

de Blomenhökerie

supermarked

de Supermarkt

marked

de Markt

stormagasin

dat Koophuus

fiskehandler

de Fischhökerie

butikscenter

dat Inkoopszentrum

havn

de Haven

park
de Parkanlaag

bænk
de Bank

bro
de Brüch

trappe
de Trepp

undergrundsbane
de Ünnergrundbahn

tunnel
de Tunnel

busstoppested
de Busstoppsteed

barnevogn
de Bar

restaurant
dat Spieslokal

postkasse
de Breefkassen

vejskilt
dat Stratenschild

parkometer
de Parkklock

zoo
de Deertenpark

badeanstalt
de Baadanstalt

moske
de Moschee

bondegård
de Buernhoff

miljøforurening
de Ümweltversmudden

kirkegård
de Karkhoff

kirke
de Kark

legeplads
de Speelplatz

tempel
de Tempel

landskab
de Landschop

blad
dat Blatt

vejviser
de Wiespahl

vej
de Weg

eng
de Wisch

sten
de Steen

træ
de Boom

vandrer
de Wannerer

flod
de Fluss

græs
dat Gras

blomst
de Bloom

dal

dat Daal

bjerg

de Barg

sø

de See

skov

dat Holt

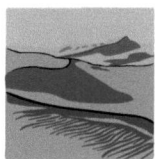

ørken

de Wööst

vulkan

de Füerspien Barg

slot

dat Slott

regnbue

de Regenbagen

svamp

de Poggenstohl

palme

de Palm

moskito

de Steekmück

flue

de Fleeg

myre

de Miegeemk

bi

de Imm

edderkop

de Spinn

bille
de Sebber

frø
de Pogg

egern
de Katteker

pindsvin
de Swienegel

hare
de Haas

ugle
de Uul

fugl
de Vagel

svane
de Swaan

vildsvin
dat Wildswien

hjort
de Hirsch

elg
de Elk

dæmning
de Staudamm

vindmølle
dat Windrad

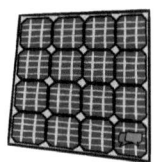

solcellemodul
dat Solarmodul

klima
dat Klima

restaurant
dat Spieslokal

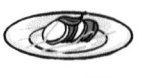

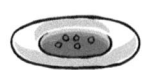

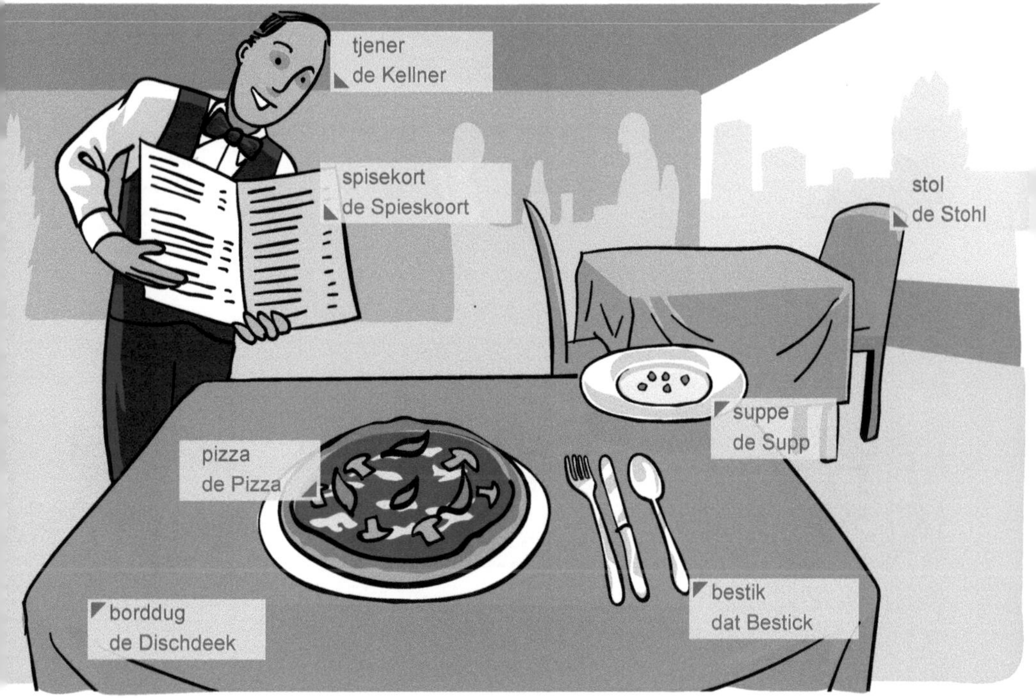
tjener
de Kellner
spisekort
de Spieskoort
stol
de Stohl
suppe
de Supp
pizza
de Pizza
bestik
dat Bestick
borddug
de Dischdeek

forret
de Vörspies

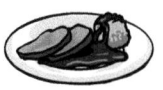

hovedret
dat Haupteten

dessert
de Nadisch

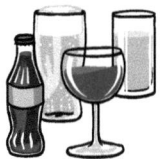

drikkevarer
de Drünk

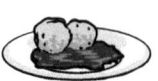

mad
dat Eten

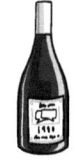

flaske
de Buddel

fastfood

dat Fastfood

streetfood

dat Strateneten

tekande

de Teekann

sukkerdåse

de Zuckerdoos

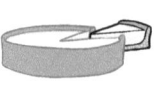

portion

de Portschoon

espressomaskine

de Espressomaschien

barnestol

de Hoochstohl

faktura

de Reken

tablet

dat Tablett

kniv

dat Mess

gaffel

de Gavel

ske

de Lepel

teske

de Teelepel

serviet

dat Munddook

glas

dat Glas

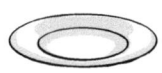

tallerken

de Töller

dyb tallerken

de Suppentöller

underkop

de Ünnertass

sovs

de Sooß

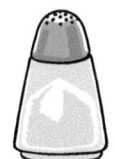

saltbøsse

de Soltstreuer

peberkværn

de Pepermöhl

eddike

de Etig

olie

dat Ööl

krydderier

de Krüder

ketchup

de Ketchup

sennep

de Mostrich

mayonnaise

de Mayonnaise

supermarked
de Supermarkt

tilbud
dat Anbott
FOR
kunde
de Kunn
mælkeprodukter
de Melkprodukten
frugt
dat Aaft
indkøbsvogn
de Inkoopswagen

BUTCHERS

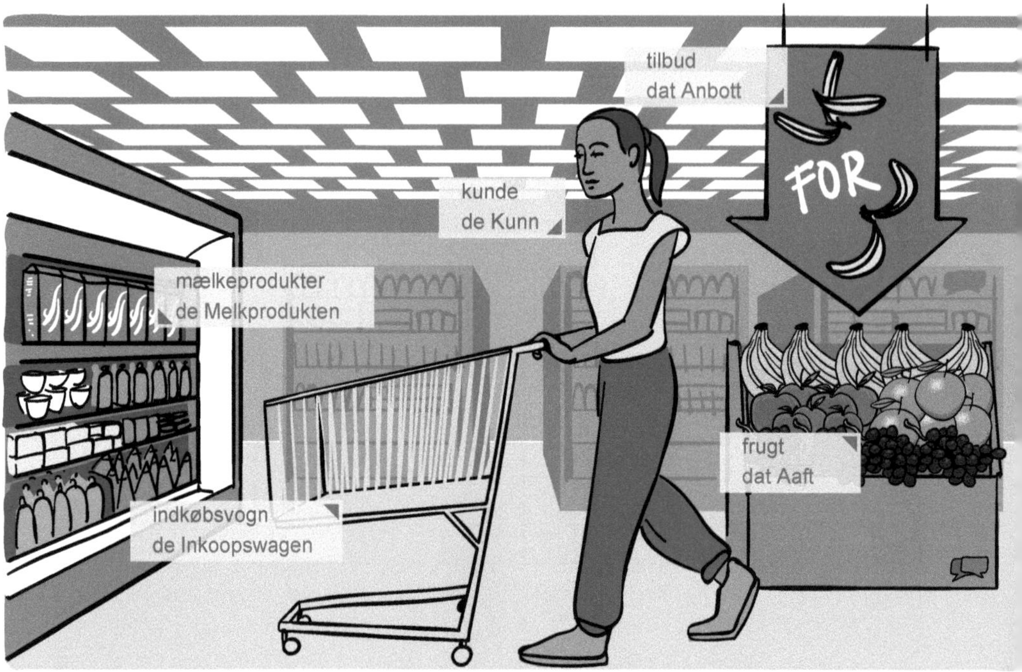

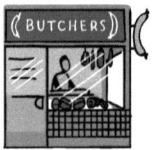

slagter

de Slachterie

BAKERY

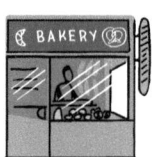

bageri

de Bäckerie

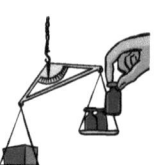

veje

wegen

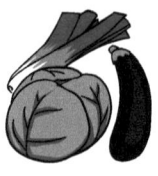

grøntsager

de Gröönsaken

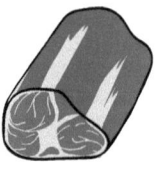

kød

dat Fleesch

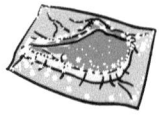

frostvarer

de Deepköhlkost

pålæg

de Opsnitt

konserves

de Konserven

vaskemiddel

de Waschmiddel

slik

de Snoopkraam

husholdningsvarer

de Huushooltssaken

rengøringsmidler

de Reinmaaktüüch

ekspedient

de Verköpersche

kasse

de Kass

kasserer

de Kasserer

indkøbsliste

de Inkoopslist

åbningstider

de Opsparrtieden

tegnebog

de Breeftasch

kreditkort

de Kreditkoort

taske

de Tasch

plasticpose

de Plastiktüüt

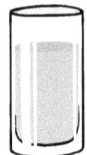

vand

dat Water

saft

de Saft

mælk

de Melk

cola

de Cola

vin

de Wien

øl

dat Beer

alkohol

de Spriet

kakao

de Kakao

te

de Tee

kaffe

de Koffie

espresso

de Espresso

cappuccino

de Cappucino

banan

de Banaan

æble

de Appel

appelsin

de Appelsien

melon

de Meloon

citron

de Zitroon

gulerod

de Wöttel

hvidløg

de Knuuvlook

bambus

de Bambus

løg

de Zibbel

svamp

de Poggenstohl

nødder

de Nööt

nudler

de Nudeln

spaghetti

de Spaghetti

ris

de Ries

salat

de Salat

pomfritter

de Pommes frites

stegte kartofler

de Braadkantüffeln

pizza

de Pizza

hamburger

de Hamborger

sandwich

dat Sandwich

schnitzel

dat Snitzel

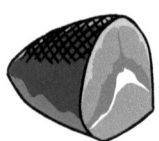

skinke

de Schinken

salami

de Salami

pølse

de Wust

kylling

dat Hohn

steg

de Braden

fisk

de Fisch

havregryn

de Haverflocken

mysli

dat Müsli

cornflakes

de Cornflakes

mel

dat Mehl

croissant

de Croissant

rundstykke

dat Rundstück

brød

dat Broot

toast

dat Toast

kiks

de Keksen

smør

de Botter

kvark

de Quark

kage

de Koken

æg

dat Ei

spejlæg

dat Spegelei

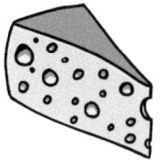

ost

de Kees

is

de Ies

sukker

de Zucker

honning

de Honnig

marmelade

de Marmelaad

nougat-creme

de Nougat-Creme

karry

dat Curry

bondegård
de Buernhoff

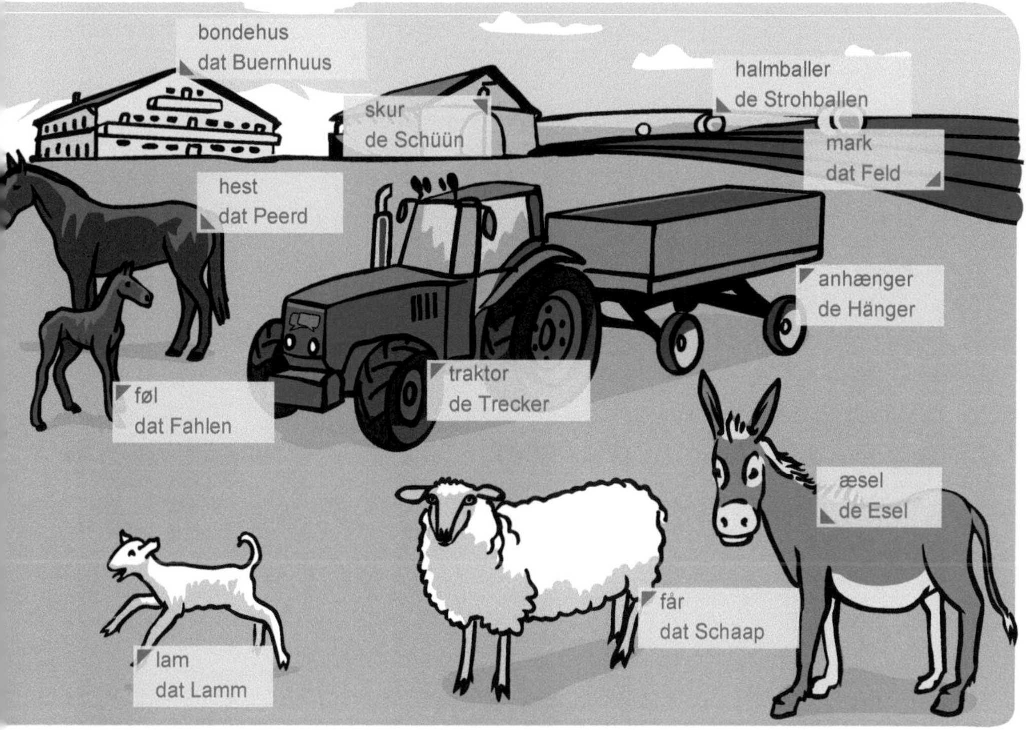

bondehus
dat Buernhuus
skur
de Schüün
halmballer
de Strohballen
mark
dat Feld
hest
dat Peerd
anhænger
de Hänger
traktor
de Trecker
føl
dat Fahlen
æsel
de Esel
får
dat Schaap
lam
dat Lamm

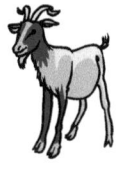

ged
de Zeeg

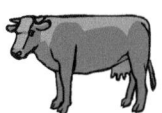

ko
de Koh

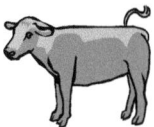

kalv
dat Kalf

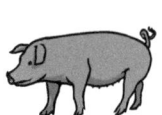

svin
dat Swien

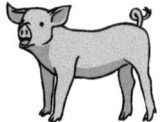

gris
dat Farken

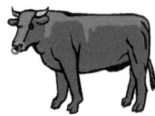

tyr
de Bull

gås

de Goos

and

de Aant

kylling

dat Küken

høne

dat Hohn

hane

de Hahn

rotte

de Rott

kat

de Katt

mus

de Muus

okse

de Oss

hund

de Hund

hundehus

de Hunnenhütt

haveslange

de Goornslauch

vandkande

de Geetkann

le

de Lee

plov

de Ploog

segl
de Sich

hakkejern
de Hack

møggreb
de Mestfork

økse
de Ext

trillebør
de Schuufkoor

trug
de Trog

mælkekande
de Melkkann

sæk
de Sack

hæk
de Tuun

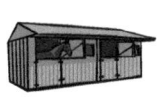

stald
de Stall

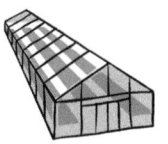

drivhus
dat Drievhuus

jord
de Bodden

frø
de Saat

gødning
de Dünger

mejetærsker
de Meihdöscher

høste

oornen

høst

de Oorn

yams

de Yamswöttel

hvede

de Weten

soja

dat Soja

kartoffel

de Kantüffel

majs

de Törksche Weten

raps

de Rapp

frugttræ

de Aaftboom

maniok

de Troopsch Kantüffel

korn

dat Koorn

hus
dat Huus

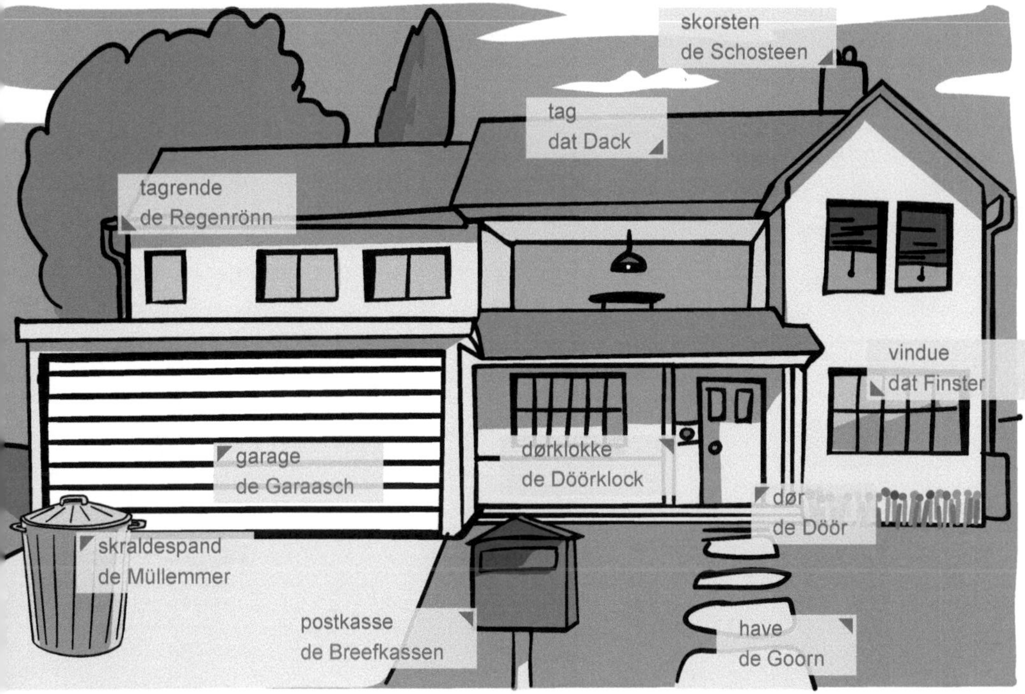
skorsten
de Schosteen
tag
dat Dack
tagrende
de Regenrönn
vindue
dat Finster
garage
de Garaasch
dørklokke
de Döörklock
dør
de Dööր
skraldespand
de Müllemmer
postkasse
de Breefkassen
have
de Goorn

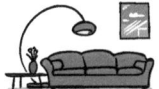

stue
de Wahnstuuv

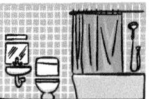

badeværelse
de Baadstuuv

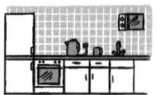

køkken
de Köök

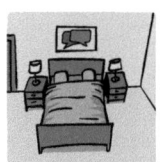

soveværelse
de Slaapstuuv

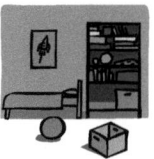

børneværelse
de Kinnerstuuv

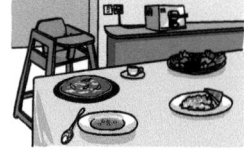

spisestue
de Eetstuuv

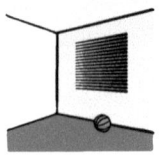

gulv
de Footbodden

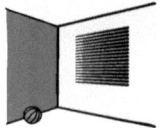

væg
de Wand

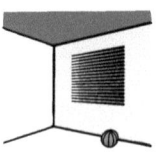

loft
de Deek

kælder
de Keller

sauna
dat Hittluftbad

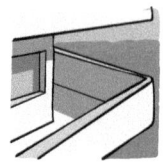

altan
de Balkon

terrasse
de Terrass

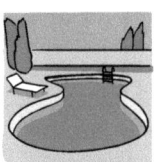

svømmehal
dat Swümmbad

plæneklipper
de Rasenmeiher

dynebetræk
de Bettbetog

dyne
de Bettdeek

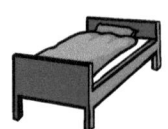

seng
de Puuch

kost
de Bessen

spand
de Emmer

kontakt
de Schalter

stue

de Wahnstuuv

tapet
de Tapeet
billede
dat Bild
lampe
de Lamp
reol
dat Regal
skab
dat Schapp
fjernsyn
de Kiekkassen
pejs
de Kamin
blomst
de Bloom
pude
dat Küssen
sofa
dat Sofa
vase
de Vaas
fjernbetjening
de Feernbedenen

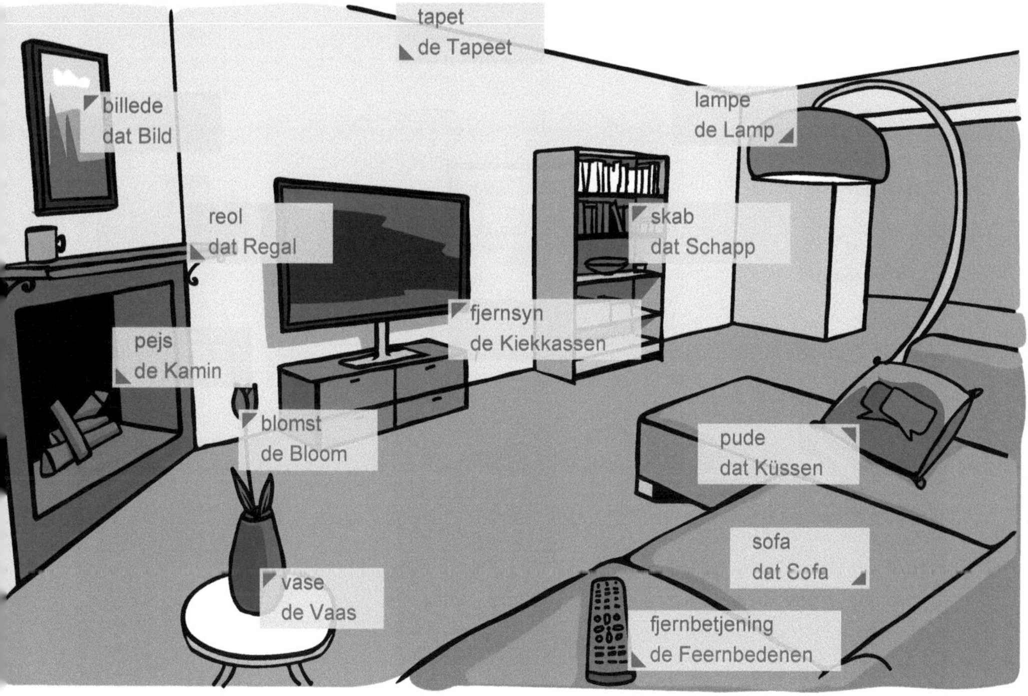

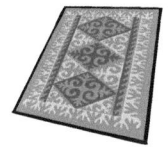

gulvtæppe

de Teppich

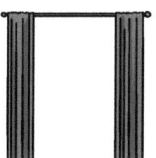

gardin

de Vörhang

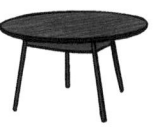

bord

de Disch

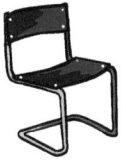

stol

de Stohl

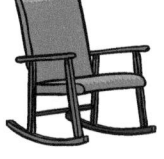

gyngestol

de Schuckelstohl

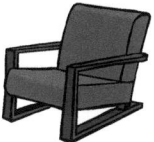

lænestol

de Sessel

bog

dat Book

tæppe

de Deek

dekoration

de Dekoratschoon

brænde

dat Füerholt

film

de Film

stereoanlæg

de Stereoanlaag

nøgle

de Slötel

avis

dat Narichtenblatt

maleri

dat Gemälde

plakat

dat Poster

radio

dat Radio

notesblok

de Opschrievblock

støvsuger

de Huulbessen

kaktus

de Kaktus

lys

de Kars

køkken
de Köök

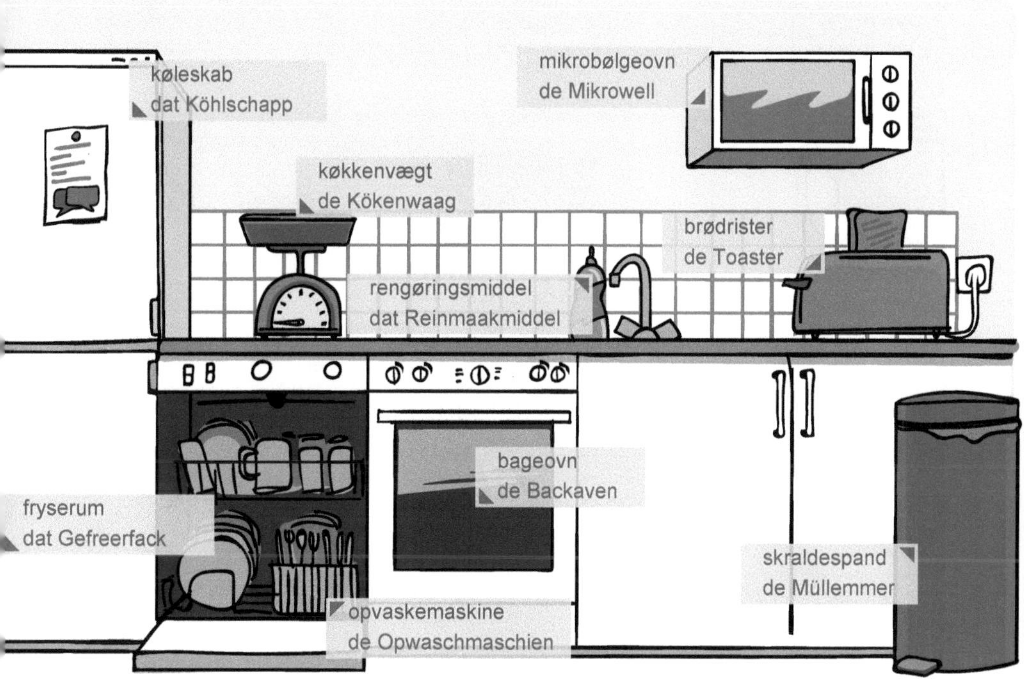
køleskab
dat Köhlschapp
mikrobølgeovn
de Mikrowell
køkkenvægt
de Kökenwaag
brødrister
de Toaster
rengøringsmiddel
dat Reinmaakmiddel
bageovn
de Backaven
fryserum
dat Gefreerfack
skraldespand
de Müllemmer
opvaskemaskine
de Opwaschmaschien

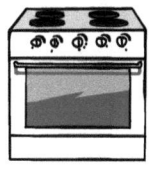

komfur
de Heerd

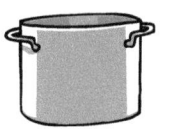

gryde
de Pott

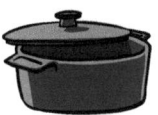

jerngryde
de Gussiesern Putt

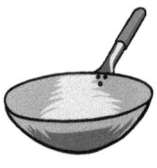

wok / kadai
de Wok / Kadai

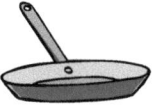

pande
de Pann

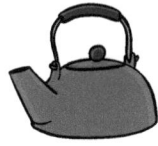

elkedel
de Waterkaker

dampkoger

de Dampkaakputt

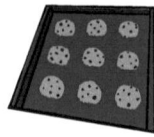

bageplade

dat Backblick

service

dat Geschirr

bæger

de Beker

skål

de Schaal

spisepinde

de Eetsticken

øseske

de Suppenkell

paletkniv

de Pannenwenner

piskeris

de Sneebessen

dørslag

dat Kaakseef

si

dat Seef

rive

de Riev

morter

de Mörser

grille

de Grill

ildsted

de Füerstell

skærebræt

dat Sniedbrett

kagerulle

dat Nudelholt

proptrækker

de Proppentrecker

dåse

de Doos

dåseåbner

de Dosenaapner

grydelap

de Pottlappen

køkkenvask

dat Waschbecken

børste

de Böst

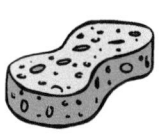

svamp

de Swamm

blender

de Mixer

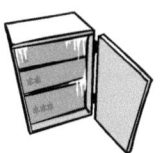

dybfryser

dat Iesschapp

sutteflaske

de Nuckelbuddel

vandhane

de Waterhahn

badeværelse

de Baadstuuv

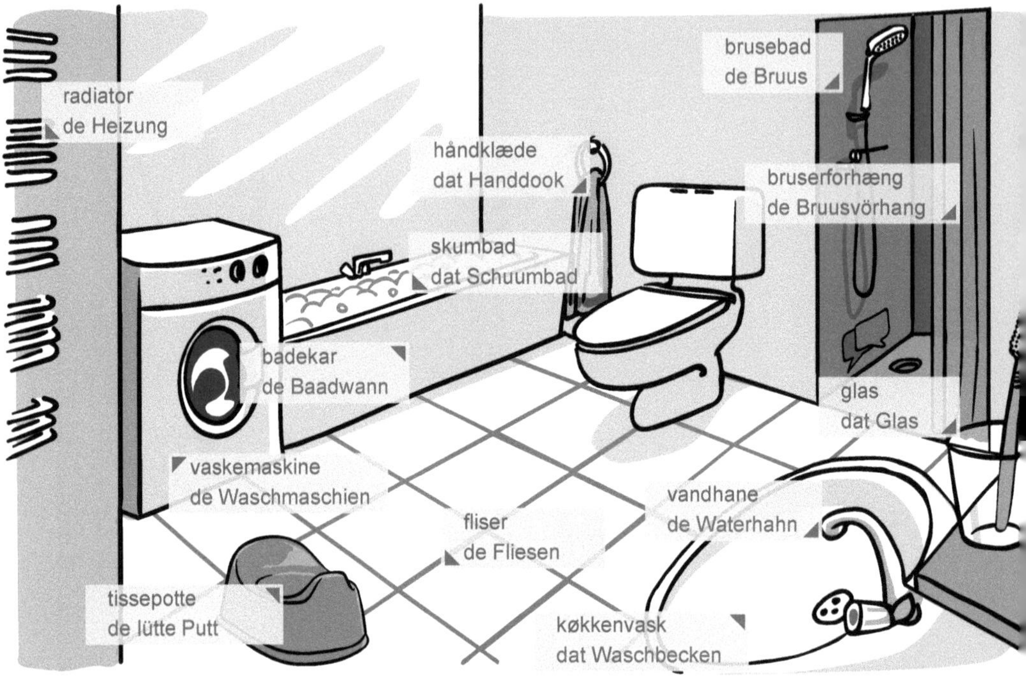

radiator
de Heizung

brusebad
de Bruus

håndklæde
dat Handdook

bruserforhæng
de Bruusvörhang

skumbad
dat Schuumbad

badekar
de Baadwann

glas
dat Glas

vaskemaskine
de Waschmaschien

vandhane
de Waterhahn

fliser
de Fliesen

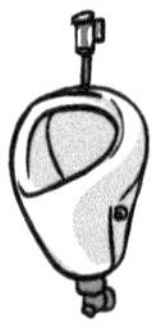

tissepotte
de lütte Putt

køkkenvask
dat Waschbecken

toilet	hugsiddende toilet	bidet
de Tante Meier	de Hockklo	dat Bidet

pissoir	toiletpapir	toiletbørste
dat Miegbecken	dat Klopapeer	de Kloböst

tandbørste

de Tähnböst

tandpasta

de Tähnpast

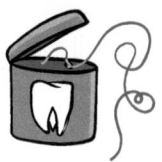

tandtråd

de Tähnsied

vaske

waschen

håndbruser

de Handbruus

intimbruser

de Intimbruus

vaskefad

de Waschschöttel

badebørste

de Rüchböst

sæbe

de Seep

brusegele

dat Bruusgeel

shampoo

dat Hoorwaschmiddel

vaskeklud

de Waschlappen

afløb

de Afloop

creme

de Creme

deodorant

dat Deodorant

spejl
de Spegel

kosmetikspejl
de Kosmetikspegel

barberhøvl
de Raserer

barberskum
de Raseerschuum

barbervand
dat Raseerwater

kam
de Kamm

børste
de Böst

hårtørrer
de Hoordröger

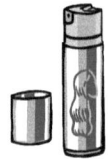

hårspray
dat Hoorspray

makeup
de Smink

læbestift
de Lippensticken

neglelak
de Nagellack

vat
de Watt

neglesaks
de Nagelscheer

parfume
dat Rüükwater

toilettaske

de Kulturbüdel

skammel

de Schemel

vægt

de Waag

badekåbe

de Baadmantel

gummihandsker

de Gummihanschen

tampon

de Tampon

damebind

de Damenbinn

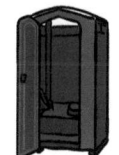

kemisk toilet

dat Chemieklo

børneværelse
de Kinnerstuuv

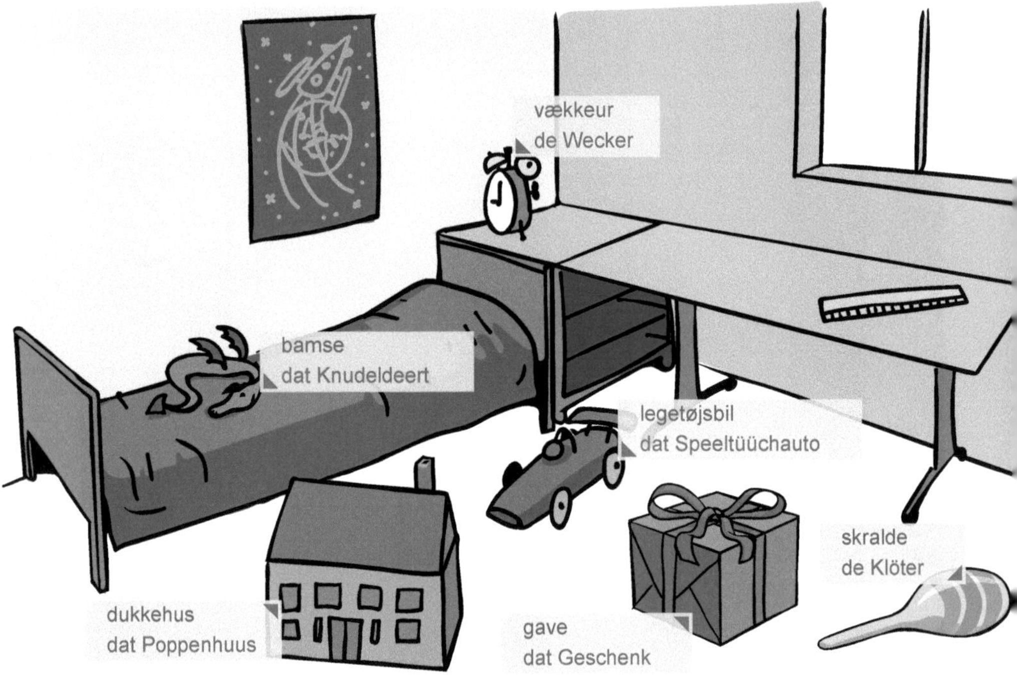
vækkeur
de Wecker
bamse
dat Knudeldeert
legetøjsbil
dat Speeltüüchauto
skralde
de Klöter
dukkehus
dat Poppenhuus
gave
dat Geschenk

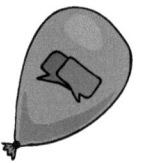

ballon
de Luftballon

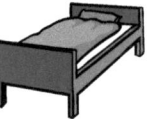

seng
de Puuch

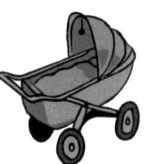

barnevogn
de Kinnerwagen

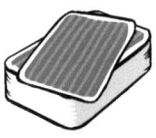

kortspil
dat Koortenspeel

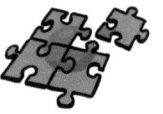

puslespil
dat Puzzle

SUPER
MEGA

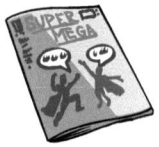

tegneserie
de Billergeschicht

legoklodser

de Legostenen

byggeklodser

de Bustenen

action figur

de Action-Figur

sparkedragt

de Strampelantog

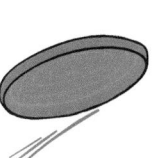

frisbee

de Frisbeeschiev

uro

dat Mobile

brætspil

dat Brettspeel

terning

de Wörpel

modeljernbane

de Modelliesenbahn

sut

de Snuller

fest

de Party

billedbog

dat Billerbook

bold

de Ball

dukke

de Popp

lege

spelen

sandkasse

de Sandkassen

gynge

de Schuckel

legetøj

dat Speeltüüch

spillekonsol

de Speelkonsool

trehjulet cykel

dat Dreerad

bamse

de Teddyboor

klædeskab

dat Klederschapp

tøj
dat Tüüch

sokker

de Socken

strømper

de Strümp

strømpebukser

de Strumpbüx

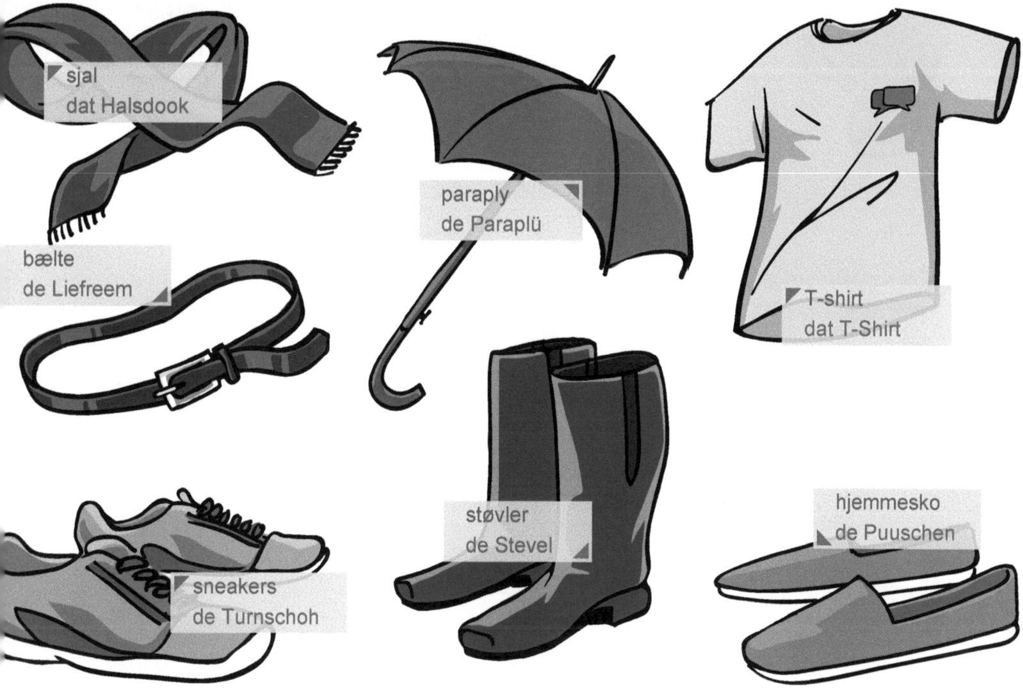

sjal
dat Halsdook

bælte
de Liefreem

paraply
de Paraplü

T-shirt
dat T-Shirt

sneakers
de Turnschoh

støvler
de Stevel

hjemmesko
de Puuschen

sandaler
de Sandalen

sko
de Schoh

gummistøvler
de Gummistevel

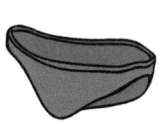

underbukser
de Ünnerbüx

BH
de Bostholler

undertrøje
dat Ünnerhemd

body
de Lief

bukser
de Büx

jeans
de Jeansnüx

nederdel
de Rock

bluse
de Bluus

skjorte
dat Hemd

pullover
de Pullover

sweatshirt
de Kapuzenpullover

blazer
de Blazer

jakke
de Jack

frakke
de Mantel

regnfrakke
de Övertrecker

kostume
dat Kostüm

kjole
dat Kleed

brudekjole
dat Hochtietskleed

jakkesæt

de Antog

nattrøje

dat Nachtkleed

pyjamas

de Slaapantog

sari

de Sari

hovedtørklæde

dat Koppdook

turban

de Turban

burka

de Burka

kaftan

de Kaftan

abaya

de Abaya

badedragt

de Baadantog

badebukser

de Baadbüx

korte bukser

de Korte Büx

træningsdragt

de Antog to'n Öven

forklæde

de Schört

handsker

de Handschoh

knap

de Knopp

briller

de Brill

armbånd

dat Armband

kæde

de Halskeed

ring

de Ring

ørering

de Ohrbummel

hue

de Mütz

bøjle

de Klederbögel

hat

de Hoot

slips

de Binner

lynlås

de Rietslüter

hjelm

de Helm

seler

dat Drachtband

skoleuniform

de Schooluniform

uniform

de Uniform

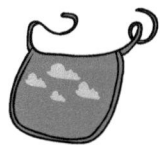

hagesmæk

de Severböten

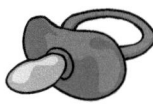

sut

de Snuller

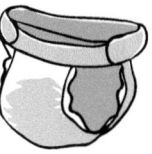

ble

de Winnel

kontor
dat Büro

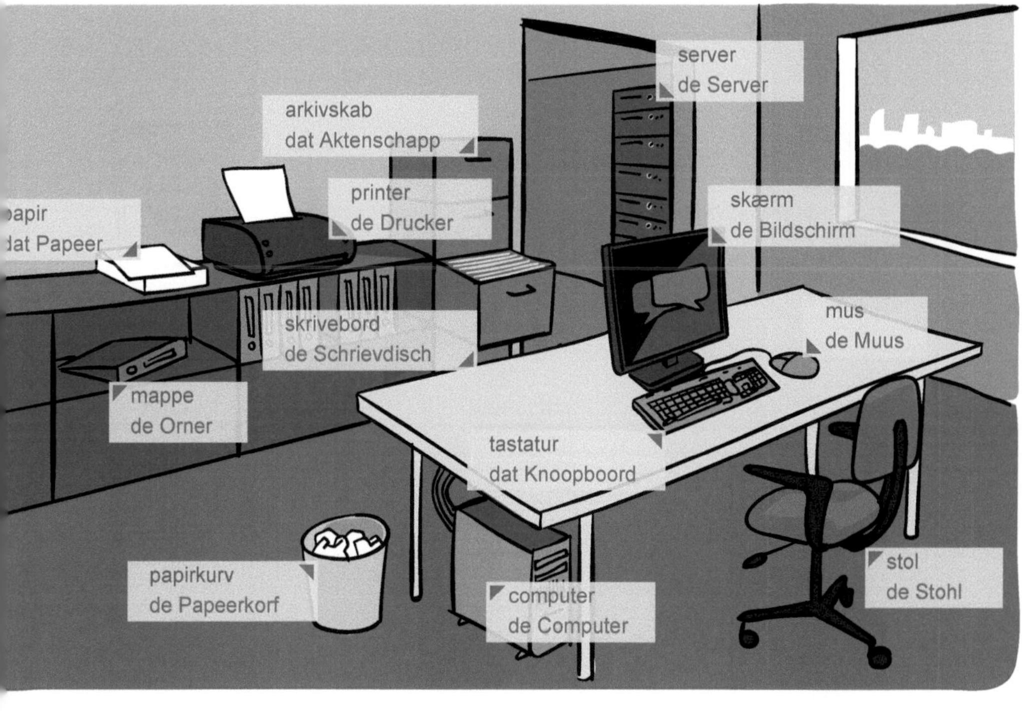
server
de Server
arkivskab
dat Aktenschapp
apir
at Papeer
printer
de Drucker
skærm
de Bildschirm
skrivebord
de Schrievdisch
mus
de Muus
mappe
de Orner
tastatur
dat Knoopboord
stol
de Stohl
papirkurv
de Papeerkorf
computer
de Computer

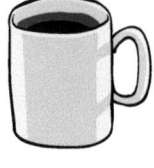

kaffekrus

de Koffiebeker

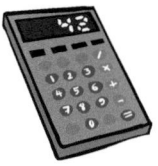

lommeregner

de Taschenreekner

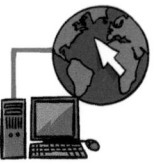

internet

dat Internet

bærbar

de Klappreekner

brev

de Breef

besked

de Naricht

mobil

de Ackersnacker

netværk

dat Nettwark

kopimaskine

de Kopeerapparat

software

de Software

telefon

de Klöönkassen

stikdåse

de Steekdoos

fax

de Faxapparat

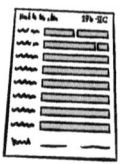

formular

dat Formulor

dokument

dat Dokument

købe
....
köpen

betale
....
betahlen

handle
....
hanneln

penge
....
dat Geld

 **USD**

dollar
....
de Dollar

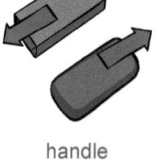 **EUR**

euro
....
de Euro

 **JPY**

yen
....
de Yen

 **RUB**

rubel
....
de Ruvel

 **CHF**

schweizerfranc
....
de Swiezer Franken

 **CNY**

renminbi yuan
....
de Renminbi Yuan

 **INR**

rupee
....
de Rupie

hæveautomat
....
de Geldautomat

vekselkontor

de Wesselstuuv

guld

dat Gold

sølv

dat Sülver

olie

dat Ööl

energi

de Energie

pris

de Pries

kontrakt

de Verdrag

skat

de Stüer

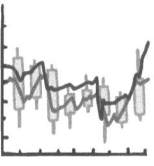

aktie

de Andeelschien

arbejde

arbeiden

ansat

de Anstellte

arbejdsgiver

de Arbeitgever

fabrik

de Fabrik

butik

de Hökerie

de Profeschonen

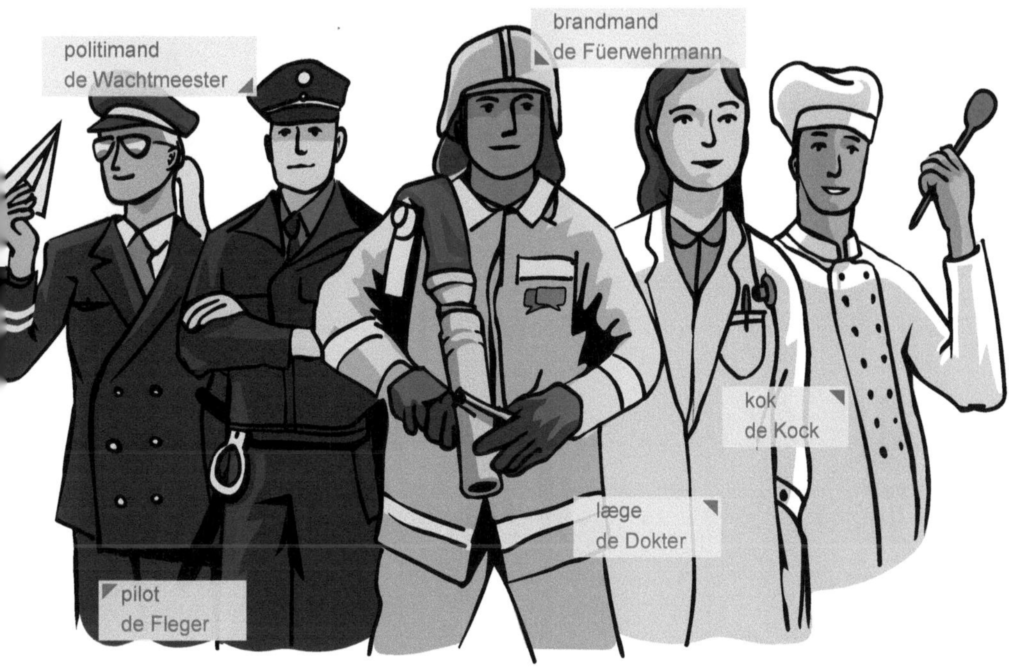

politimand
de Wachtmeester
brandmand
de Füerwehrmann
kok
de Kock
læge
de Dokter
pilot
de Fleger

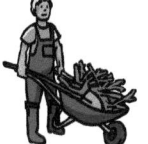

gartner

de Goorner

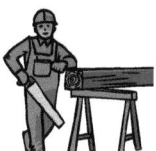

tømrer

de Discher

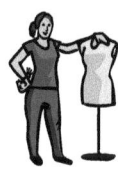

syerske

de Neihersche

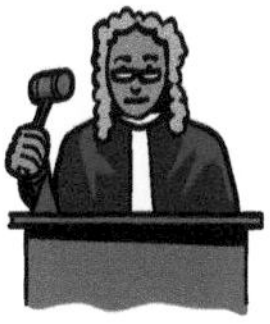

dommer

de Richter

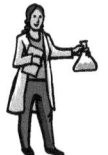

kemiker

de Chemiker

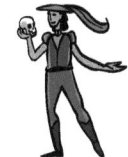

skuespiller

de Schauspeler

buschauffør
de Busfohrer

taxachauffør
de Taxifohrer

fisker
de Fischer

rengøringskone
de Reinmaakfru

tagdækker
de Dackdecker

tjener
de Kellner

jæger
de Jäger

maler
de Maler

bager
de Bäcker

elektriker
de Elektriker

bygningsarbejder
de Buarbeider

ingeniør
de Ingenieur

slagter
de Slachter

vvs-mand
de Klempner

postbud
de Postbüdel

soldat
de Suldat

arkitekt
de Architekt

kasserer
de Kasserer

blomsterhandler
de Florist

frisør
de Putzbüdel

togfører
de Schaffner

mekaniker
de Mechaniker

kaptajn
de Kaptein

tandlæge
de Tähndokter

videnskabsmand
de Wetenschopler

rabbiner
de Rabbi

imam
de Imam

munk
de Mönk

præst
de Paap

værktøj
dat Warktüüch

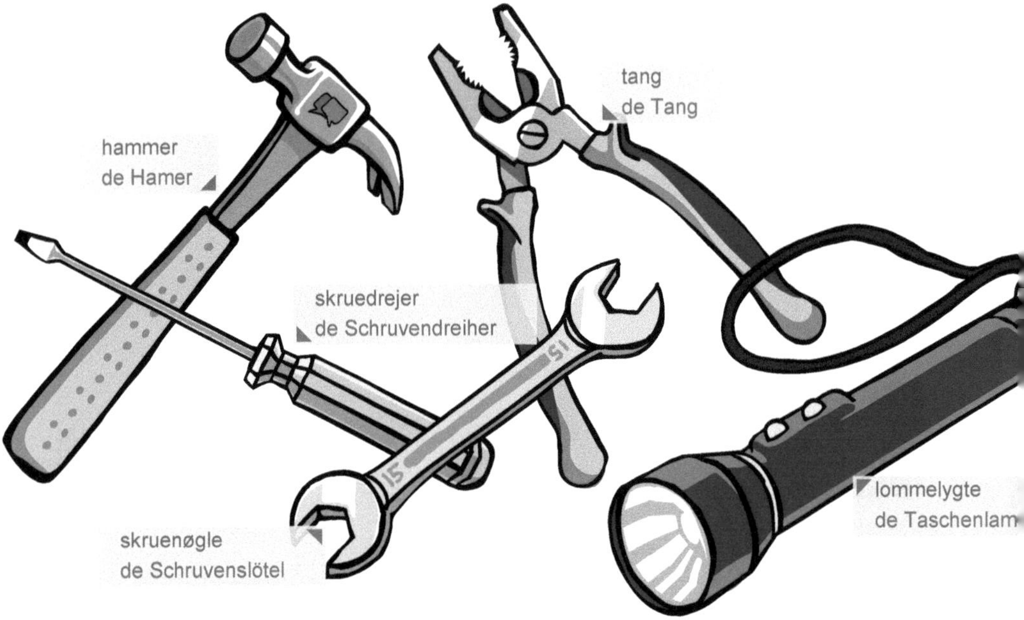
hammer
de Hamer
tang
de Tang
skruedrejer
de Schruvendreiher
skruenøgle
de Schruvenslötel
lommelygte
de Taschenlam

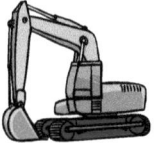

gravemaskine
de Grieper

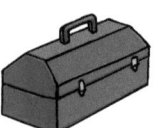

værktøjskasse
de Warktüüchkassen

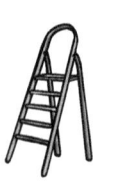

stige
de Ledder

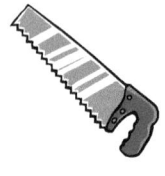

sav
de Saag

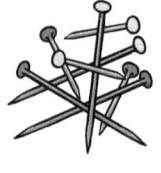

søm
de Nagels

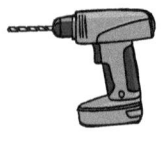

bor
de Bohrer

reparere

heelmaken

skovl

de Schüffel

Lort!

Schiet!

fejebakke

dat Kehrblick

malerspand

de Farvpott

skruer

de Schruven

musikinstrumenter
de Musikinstrumenten

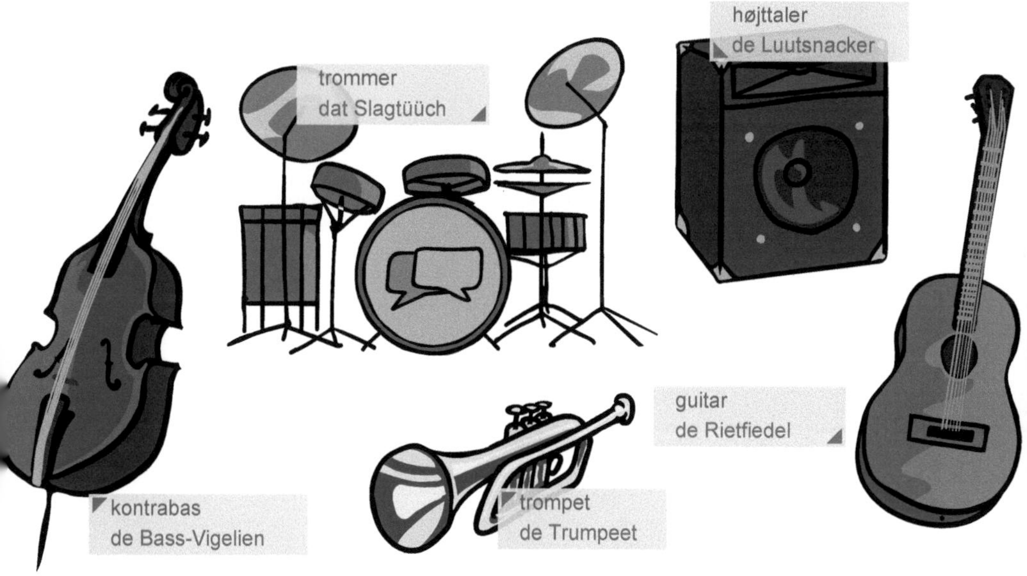

højttaler
de Luutsnacker

trommer
dat Slagtüüch

guitar
de Rietfiedel

kontrabas
de Bass-Vigelien

trompet
de Trumpeet

klaver

dat Klaveer

violin

de Vigelien

bas

de Bass

pauke

de Pauk

tromme

de Trummeln

keyboard

dat Keyboard

saxofon

dat Saxophon

fløjte

de Fleut

mikrofon

dat Mikrofoon

ZOO
de Deertenpark

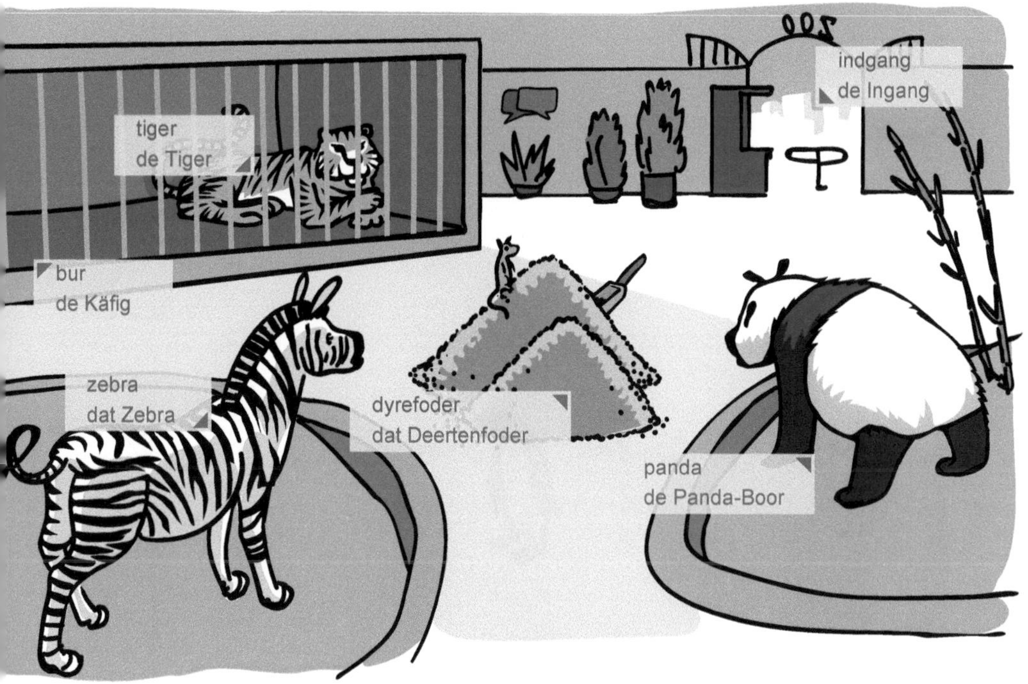

tiger
de Tiger
bur
de Käfig
zebra
dat Zebra
dyrefoder
dat Deertenfoder
panda
de Panda-Boor
indgang
de Ingang

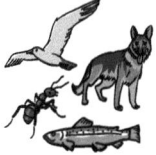

dyr

de Deerten

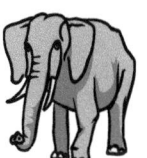

elefant

de Elefant

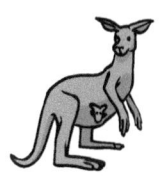

kænguru

dat Känguru

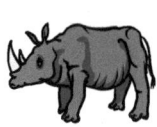

næsehorn

dat Neeshoorn

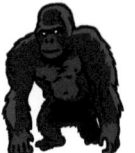

gorilla

de Gorilla

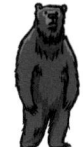

bjørn

de Boor

kamel

dat Kameel

struds

de Struuß

løve

de Lööv

abe

de Aap

flamingo

de Flamingo

papegøje

de Papagoi

isbjørn

de Iesboor

pingvin

de Pinguin

haj

de Haifisch

påfugl

de Pageluun

slange

de Slang

krokodille

dat Krokodil

dyrepasser

de Oppasser in'n
Deertenpark

sæl

de Saalhund

jaguar

de Jaguor

pony

dat Pony

leopard

de Leopard

flodhest

dat Nilpeerd

giraf

de Giraff

ørn

de Aadler

vildsvin

dat Wildswien

fisk

de Fisch

skildpadde

de Schildkrööt

hvalros

dat Walross

ræv

de Voss

gazelle

de Gazell

amerikansk football
de Amerikaansch Football

cykling
dat Radfohren

tennis
dat Tennis

basketball
de Korfball

svømning
dat Swümmen

boksning
dat Boxen

ishockey
dat Ieshockey

fodbold
de Football

badminton
dat Fedderball

atletik
de Leichtathletik

håndbold
de Handball

skiløb
dat Skilopen

polo
dat Polo

aktiviteter

de Aktivitäten

springe
springen
give et knus
ümarmen
synge
singen
grine
lachen
gå
gahn
drømme
drömen
bede
beden
kysse
snuteln

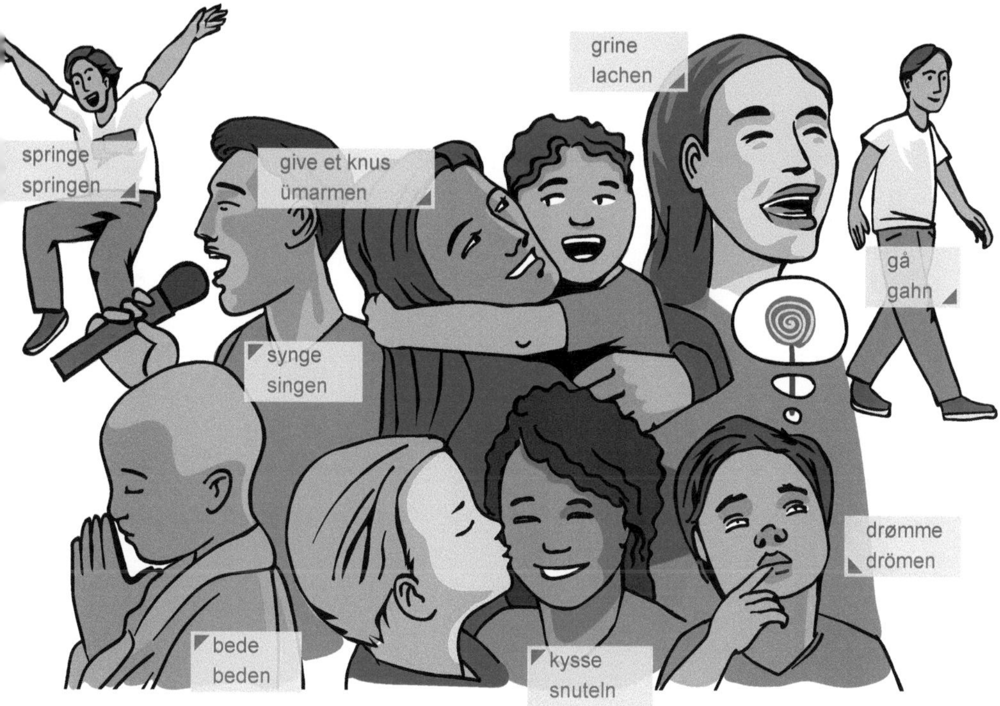

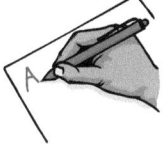

skrive

schrieven

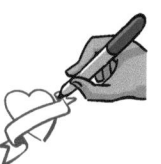

tegne

teken

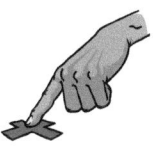

vise

wiesen

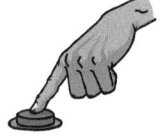

skubbe

drücken

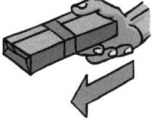

give

geven

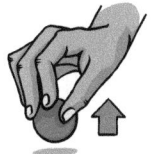

tage

nehmen

have
....
hebben

gøre
....
doon

være
....
sien

stå
....
stahn

løbe
....
lopen

trække
....
trecken

kaste
....
smieten

falde
....
fallen

ligge
....
liggen

vente
....
töven

bære
....
dregen

sidde
....
sitten

tage på
....
antrecken

sove
....
slapen

vågne
....
opwaken

se på
....
ankieken

græde
....
wenen

ae
....
eien

kæmme
....
kämmen

tale
....
snacken

forstå
....
verstahn

spørge
....
fragen

høre
....
hören

drikke
....
drinken

spise
....
eten

rydde op
....
oprümen

elske
....
leefhebben

koge
....
kaken

køre
....
fohren

flyve
....
flegen

sejle

segeln

regne

reken

læse

lesen

lære

lehren

arbejde

arbeiden

gifte sig med

de Plünnen tohoopsmieten

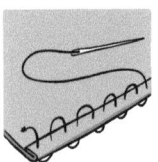

sy

neihen

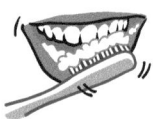

børste tænder

Tähnen putzen

dræbe

dootmaken

ryge

smöken

sende

schicken

aktiviteter - de Aktivitäten

familie
de Familje

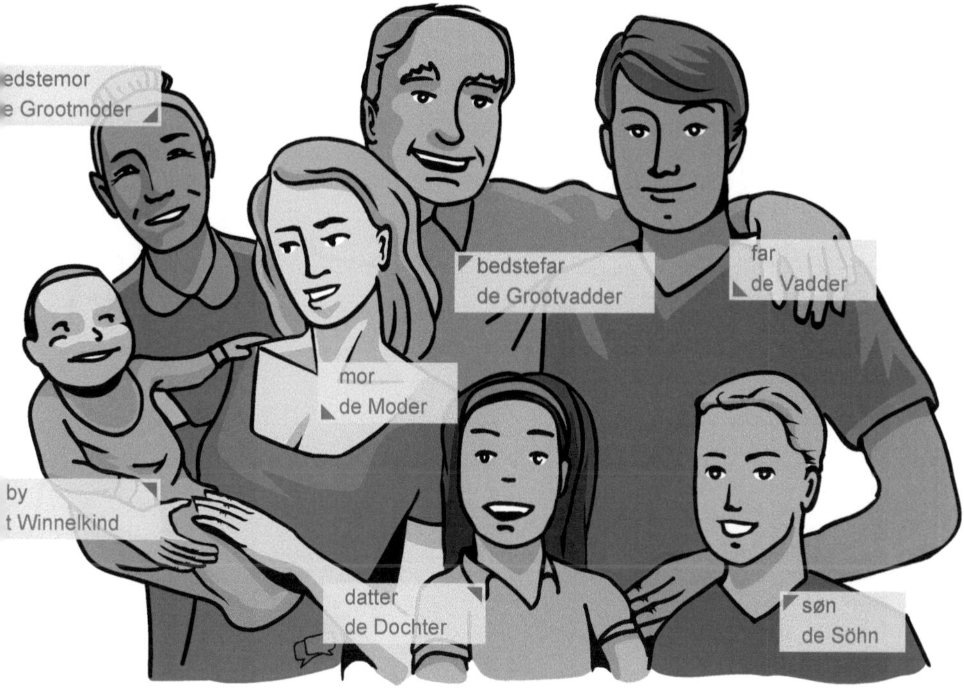

edstemor
e Grootmoder
bedstefar
de Grootvadder
far
de Vadder
mor
de Moder
by
t Winnelkind
datter
de Dochter
søn
de Söhn

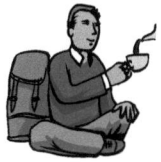

gæst

de Gast

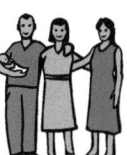

tante

de Tant

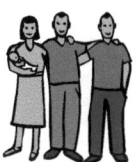

onkel

de Unkel

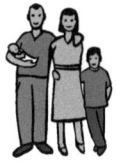

bror

de Broder

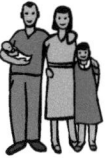

søster

de Süster

krop
de Lief

pande
de Vörkopp
øje
dat Oog
skulder
de Schuller
finger
de Finger
ansigt
dat Gesicht
hage
dat Kinn
hånd
de Hand
ben
dat Been
bryst
de Bost
arm
de Arm

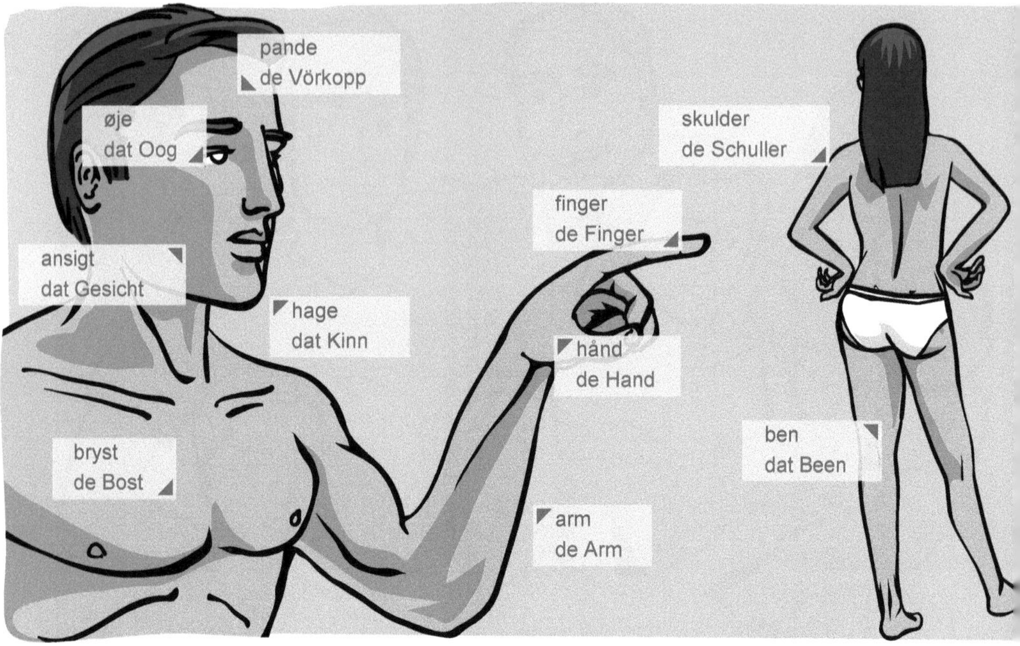

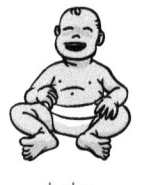

baby
dat Winnelkind

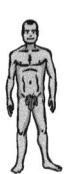

mand
de Mann

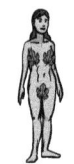

kvinde
de Fro

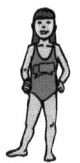

pige
de Deern

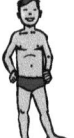

dreng
de Jung

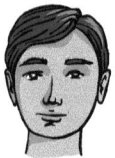

hoved
de Arm

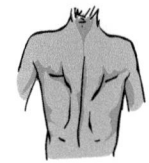

ryg

de Rüch

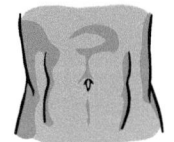

mave

de Buuk

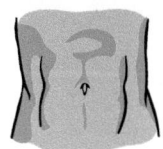

navle

de Navel

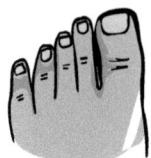

tå

de Teh

hæl

de Hack

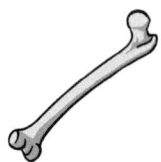

knogle

de Knaken

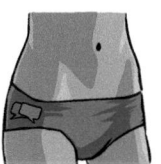

hofte

de Hüft

knæ

dat Knee

albue

de Ellbagen

næse

de Nees

bagdel

de Achtersen

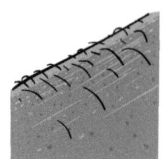

hud

de Huut

kind

de Back

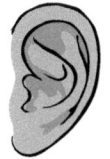

øre

dat Ohr

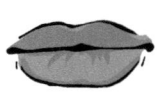

læbe

de Lipp

krop - de Lief

mund

de Mund

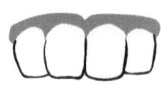

tand

de Tähn

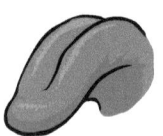

tunge

de Tung

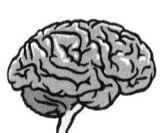

hjerne

de Bregen

hjerte

dat Hart

muskel

de Muskel

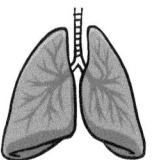

lunge

de Lung

lever

de Lever

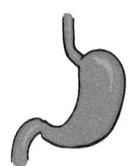

mavesæk

de Maag

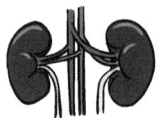

nyrer

de Neren

sex

de Bislaap

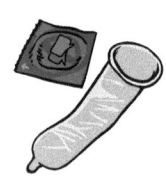

kondom

dat Kondoom

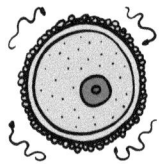

ægcelle

de Eizell

sperm

dat Sperma

svangerskab

de Anner Ümstänn

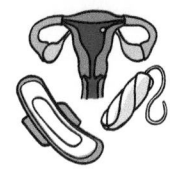

menstruation

de Menstruatschoon

vagina

de Scheed

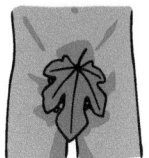

penis

de Pint

øjenbryn

de Ogenbroe

hår

dat Hoor

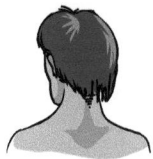

hals

de Hals

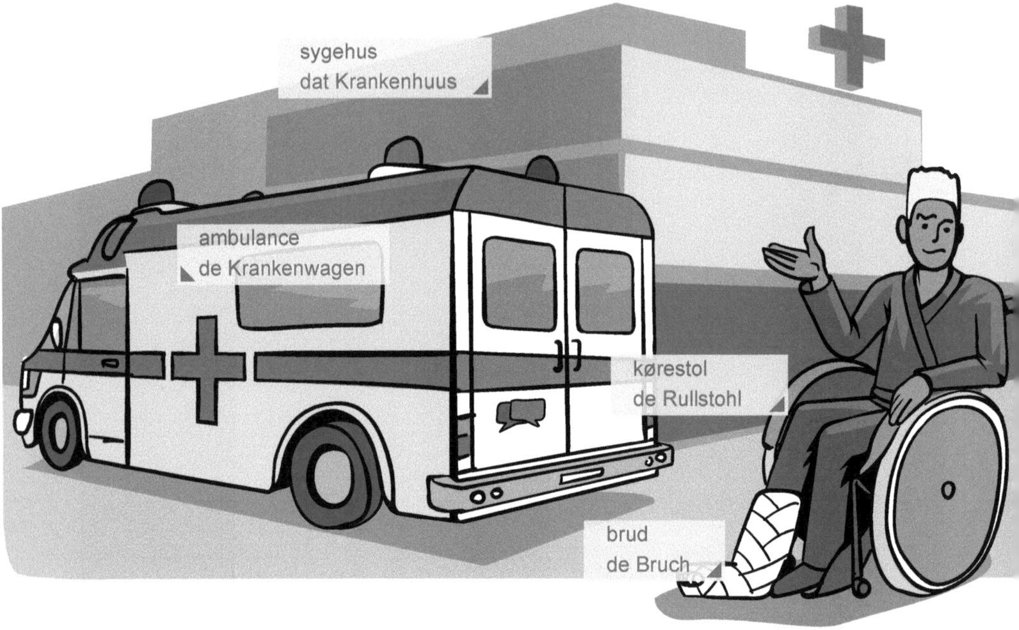

sygehus
dat Krankenhuus

sygehus
dat Krankenhuus
ambulance
de Krankenwagen
kørestol
de Rullstohl
brud
de Bruch

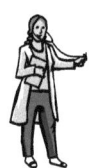

lægge
de Dokter

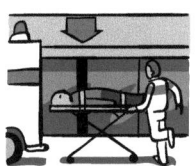

akutmodtagelse
de Nootopnahm

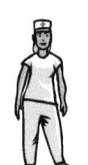

sygeplejerske
de Krankensüster

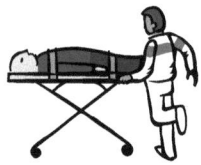

nødstilfælde
de Nootfall

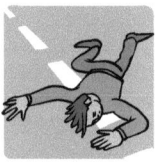

bevidstløs
ahnmächtig

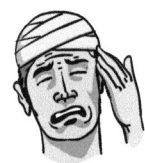

smerte
de Wehdaag

skade

de Verwunnen

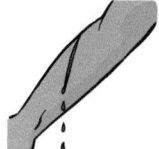

blødning

de Blöden

hjerteinfarkt

de Hartinfarkt

slagtilfælde

de Slaganfall

allergi

de Allergie

hoste

de Hoosten

feber

dat Fever

influenza

de Gripp

diarré

de Dörchfall

hovedpine

de Koppwehdaag

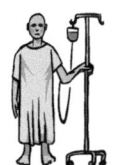

kræft

de Kreeft

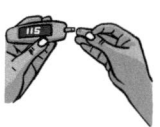

diabetes

de Zuckersüük

kirurg

de Chirurg

skalpel

dat Chirurgsch Mess

operation

de Operatschoon

CT

dat CT

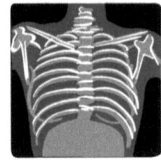

røntgen

de Dörchlüchten

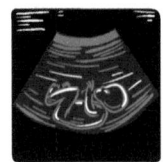

ultralyd

de Ultraschall

maske

de Mask

sygdom

de Krankheit

venteværelse

de Töövruum

krykke

de Krück

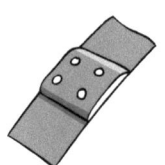

plaster

dat Plaaster

forbinding

de Verband

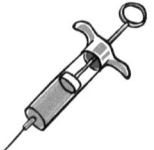

injektion

de Insprütten

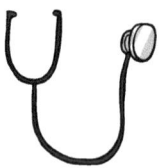

stetoskop

dat Stethoskop

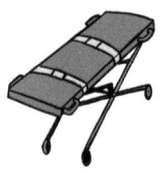

båre

de Draag

termometer

dat Feverthermometer

fødsel

de Geboort

overvægt

dat Övergewicht

høreapparat

de Höörapparat

desinficerende middel

dat Kiemfriemiddel

infektion

de Ansteken

virus

de Virus

HIV / AIDS

dat HIV / AIDS

medicin

dat Heelmiddel

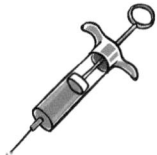

vaccination

de Impen

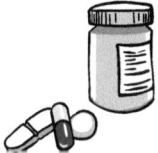

tabletter

de Tabletten

pille

de Pill

nødopkald

de Nootroop

blodtryksmåler

de Blootdruck-Meter

syg / rask

krank / gesund

Hjælp!

Hölp!

alarm

de Alarm

overfald

de Överfall

angreb

de Angreep

fare

de Gefohr

nødudgang

de Nootutgang

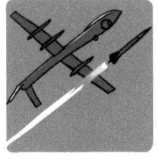

Det brænder!

dat Füer!

ildslukker

de Füerlöscher

uheld

de Unfall

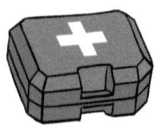

førstehjælps-kuffert

de Noothölpkoffer

SOS

SOS

politi

de Polizei

Europa

Europa

Nordamerika

Noordamerika

Sydamerika

Süüdamerika

Afrika

Afrika

Asien

Asien

Australien

Australien

Atlanterhavet

de Atlantik

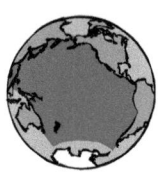

Stillehavet

de Pazifik

Indiske Ocean

dat Indisch Weltmeer

Sydlige Ishav

dat Antarktisch Weltmeer

Ishav

dat Arktisch Weltmeer

Nordpol

de Noordpol

Sydpol

de Süüdpol

Antarktis

de Antarktis

Jorden

de Eerd

land

dat Land

hav

de See

ø

dat Eiland

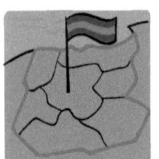

nation

de Natschoon

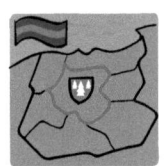

stat

de Staat

urskive

dat Tallenblatt

timeviser

de Stunnenwieser

minutviser

de Minutenwieser

sekundviser

de Sekunnenwieser

Hvad er klokken?

Wo laat is dat?

dag

de Dag

tid

de Tiet

nu

nu

digitalur

de digetaalsch Klock

minut

de Minuut

time

de Stunn

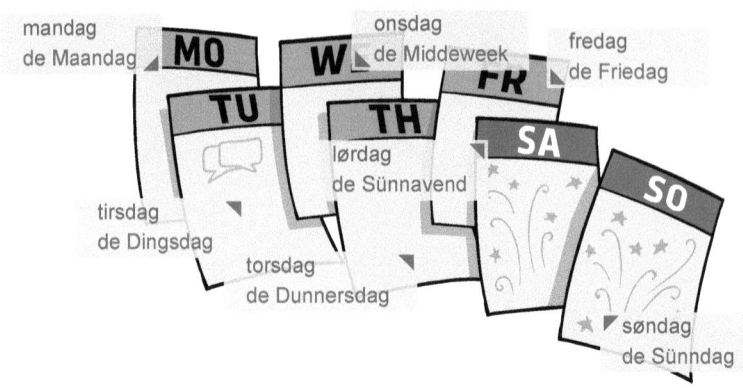

mandag
de Maandag

onsdag
de Middeweek

fredag
de Friedag

lørdag
de Sünnavend

tirsdag
de Dingsdag

torsdag
de Dunnersdag

søndag
de Sünndag

i går
güstern

i dag
hüüt

i morgen
morgen

morgen
de Morgen

middag
de Meddag

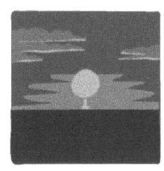

aften
de Avend

arbejdsdage
de Arbeitsdaag

weekend
dat Wekenenn

år
dat Johr

regn
de Regen
regnbue
de Regenbagen
vind
de Wind
sne
de Snee
forår
dat Fröhjohr
efterår
de Harvst
sommer
de Sommer
vinter
de Winter

4.APRIL 11°
5.APRIL 4°
6.APRIL 13°
7.APRIL 8°
8.APRIL 10°

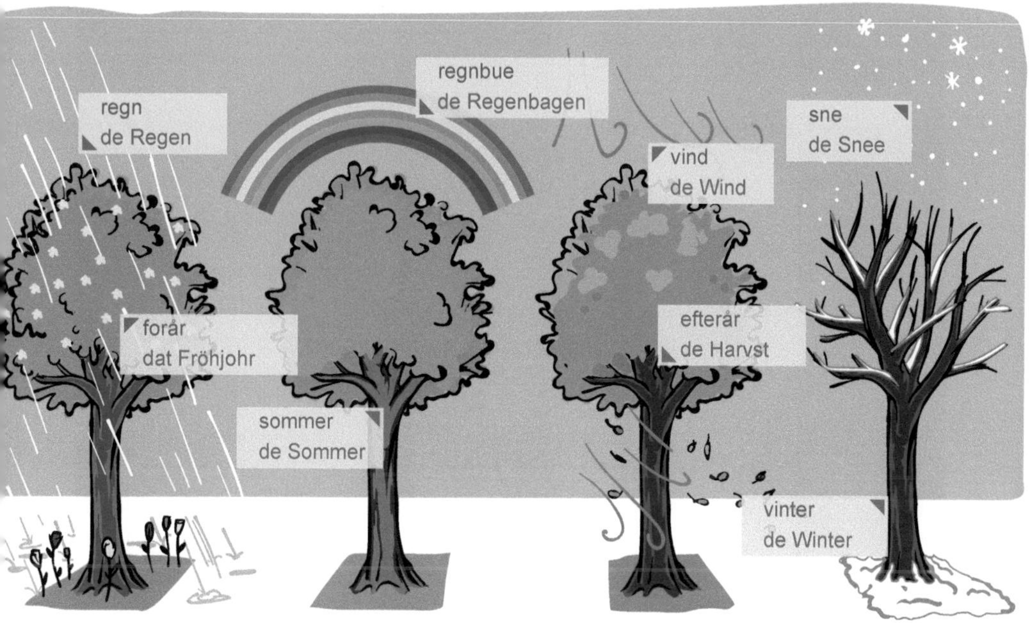

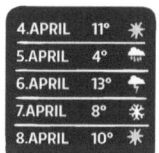

vejrudsigt

de Wedervörhersaag

F C
120 90 60 30 0 -30
40 30 20 10 0 -10 -20

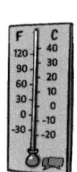

termometer

dat Thermometer

solskin

de Sünnenschien

sky

de Wulk

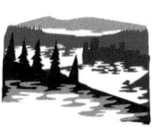

tåge

de Nevel

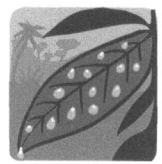

luftfugtighed

de Luftfuchtigkeit

lyn

de Blitz

torden

de Dunner

storm

de Storm

hagl

de Hagel

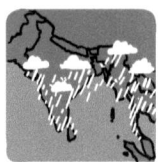

monsun

de Monsun

flod

de Floot

is

dat Ies

januar

de Januormaand

februar

de Februormaand

marts

de Martmaand

april

de Aprilmaand

maj

de Maimaand

juni

de Junimaand

juli

de Julimaand

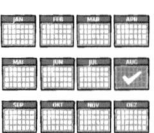

august

de Augustmaand

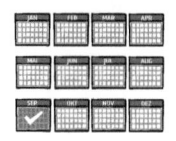

september
....
de Septembermaand

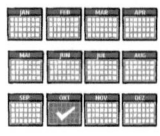

oktober
....
de Oktobermaand

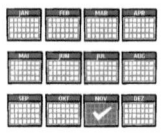

november
....
de Novembermaand

december
....
de Dezembermaand

former
de Formen

cirkel
....
de Krink

kvadrat
....
dat Quadrat

firkant
....
dat Rechteck

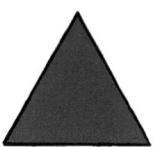

trekant
....
dat Dreeeck

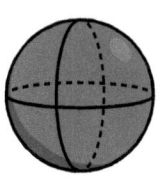

kugle
....
de Kugel

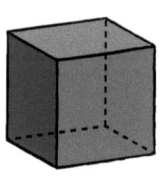

terning
....
de Wörpel

farver
de Farven

hvid

witt

gul

geel

orange

orangsch

pink

pink

rød

root

lilla

lila

blå

blau

grøn

grøøn

brun

bruun

grå

gries

sort

swart

meget / lidt

veel / wenig

rasende / fredelig

böös / verdreeglich

smuk / grim

smuck / mies

begyndelse / slut

de Begünn / dat Enn

stor / lille

groot / lütt

lys / mørk

hell / düüster

bror / søster

de Broder / de Süster

ren / snavset

schier / schietig

fuldkommen / ufuldkommen

kumpleet / nich kumpleet

dag / nat

de Dag / de Nacht

død / levende

doot / lebennig

bred / smal

breet / small

spiselig / uspiselig

geneetbor / nich geneetbor

vred / venlig

böös / fründlich

ophidset / kedet

fickerig / langwielt

tyk / tynd

dick / dünn

først / sidst

toeerst / toletzt

ven / fjende

de Fründ / de Fiend

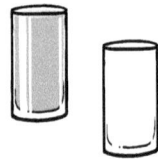

fuld / tom

vull / leddig

hård / blød

hart / week

tung / let

swoor / licht

sult / tørst

de Smacht / de Döst

syg / rask

krank / gesund

illegal / legal

nich na't Recht / na't Recht

intelligent / dum

klook / dummerhaftig

venstre / højre

linkerhand / rechterhand

nær / fjern

neeg / feern

modsætninger - de Gegendelen

ny / brugt

nieg / bruukt

intet / noget

nix / wat

gammel / ung

oolt / jung

tændt / slukket

an / ut

åben / lukket

apen / slaten

stille / højt

lies / luut

rig / fattig

riek / arm

rigtig / forkert

richtig / verkehrt

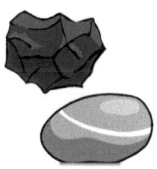

ru / glat

ruug / glatt

ked af det / lykkelig

trurig / glücklich

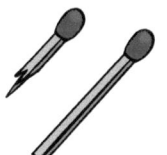

kort / lang

kort / lang

langsom / hurtig

suutje / flink

våd / tør

natt / dröög

varm / kold

warm / köhl

krig / fred

de Krieg / de Freden

0	**1**	**2**
nul	en	to
null	een	twee

3	**4**	**5**
tre	fire	fem
dree	veer	fief

6	**7**	**8**
seks	syv	otte
söss	söven	acht

9	**10**	**11**
ni	ti	elleve
negen	teihn	ölven

12
tolv
twölf

13
tretten
dörteihn

14
fjorten
veerteihn

15
femten
föffteihn

16
seksten
sössteihn

17
sytten
söventeihn

18
atten
achtteihn

19
nitten
negenteihn

20
tyve
twintig

100
hundrede
hunnert

1.000
tusinde
dusend

1.000.000
million
million

engelsk

dat Engelsch

amerikansk engelsk

dat Amerikaansch Engelsch

kinesisk mandarin

dat Chineesch Mandarin

hindi

dat Hindi

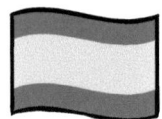

spansk

dat Spaansch

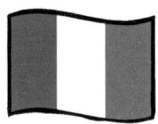

fransk

dat Franzöösch

arabisk

dat Araabsch

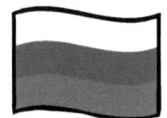

russisk

dat Rusch

portugisisk

dat Portugiesch

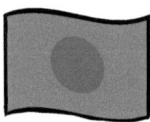

bengalsk

dat Bengaalsch

tysk

dat Düütsch

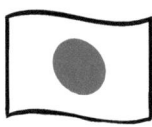

japansk

dat Japaansch

jeg

ik

du

du

han / hun / den / det

he / se / dat

vi

wi

I

ji

de

se

hvem?

keen?

hvad?

wat?

hvordan?

woans?

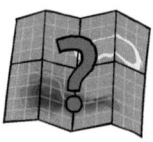

hvor?

woneem?

hvornår?

wannehr?

navn

de Naam

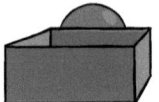

bag

achter

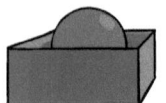

i

in

foran

vör

over

över

på

op

under

ünner

ved siden af

blangen

imellem

twüschen

sted

de Oort